# সবটা জুড়ে তুমি

অরুপ হালদার

# সবটা জুড়ে তুমি!

প্রথম খন্ড: সবটা জুড়ে তুমি

প্রথম প্রকাশ (২০২২)

"অসংখ্য ধন্যবাদ তোমাকে, হ্যাঁ তুমি"

# বিষয়বস্তু

# বিষয়বস্তু

# ভূমিকা

"সবটা জুড়ে তুমি" এর প্রথম প্রথম অংশ তোমাদের হাতে তুলে দিতে পেরে আমি ভীষণ খুশি।

"A Magic Of Attachments" অর্থাৎ সম্পর্কের বা ভালবাসার মোহ কি.. চলতি কথায় তার জাদু কিভাবে আমাদের বশীভূত করে তা এই অংশে তুলে ধরার প্রচেষ্টা করেছে মাত্র। কোন ভুল ক্রটি থাকলে মার্জনা করবেন।

# অনুক্রমণী

কোন এক বিশেষ মানুষ হঠাৎ করে আমাদের জীবনে চলে আসে যে কিনা ক্ষনিকের মধ্যে তারা আমাদের জীবনের একটা গুরুত্বপূর্ণ অংশ হয়ে যায়। তবে থনিকের নিঃশব্দতায় আমাদের হৃদয় মনে এমন ভাবে সারা ফেলে যে আমাদের মন মানসিকতা সব অগোছালো হয়ে যায়। তখন নিজের বিবেকই বলে থাক আর না।

এই "সবটা জুড়ে তুমি" বইটা পাঠকরা পড়ে বুঝতে পারবে যে লেখক আমাদের হয়ে আমাদের না বলা সব মনের কথা পাঠকদের অর্থাৎ আমাদের সামনে তুলে ধরেছেন।

-অয়ন বিশ্বাস

# স্বীকার

লীলা-পুরুষোত্তম ভগবান শ্রীকৃষ্ণের অশেষ কৃপায় এবং পিতামাতার আশীর্বাদে আমি এই অংশটি সম্পন্ন করতে পেরে খুবই খুশি যে আজ আমি "সবটা জুড়ে তুমি" তুলে দিতে পেরেছি।
এছাড়াও আরো একটা মানুষকে ধন্যবাদ।

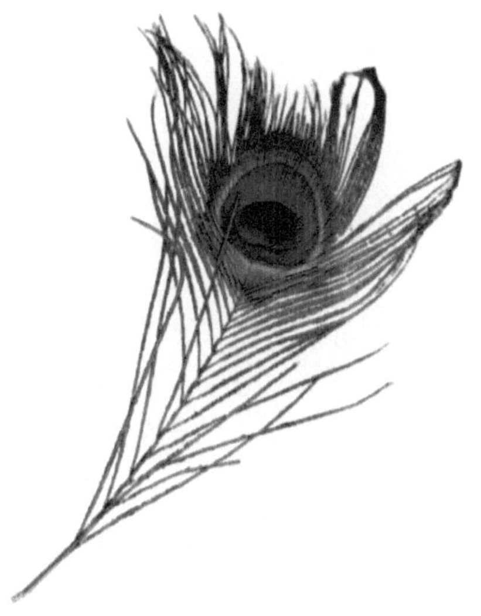

কভার পেজ ডিজাইন সহায়তা- অয়ন বিশ্বাস

4 -- অজানা লেখক

© লেখনি এবং কভার পেজ – অরূপ হালদার

# প্রস্তাবনা

আমরা মাঝেমধ্যে এমন কিছু মানুষের মোহের অন্তরায় আটকে যাই যা ধীরে ধীরে গভীর ভালোবাসায় পরিণত হয়ে যায় বা বলতে পারো এক মহের অন্তরায় আটকে যাই আমরা। প্রিয় মানুষটির ওপর অন্য কারো নজর সহ্য করা যায় না। দুর্বলতায় দুষ্প্রাপ্য দূরীভূত। তার প্রতি এক মহাকাশীও শক্তি বলয়ের আকর্ষণ প্রকাশ পায় আমাদের হৃদয়ে। যখন নিজের মানুষদের মধ্যে অতিরিক্ত ভালোবাসার সঞ্চার হয় তখন আমরা চেঁচে উঠি এবং বলি ভালোবাসার মানুষদের মধ্যে হঠাৎ কোনো অজান্তে সৃষ্টি হওয়া ব্যবধান হৃদয় কে করে তোলে ভারাক্রান্ত, তবুও সে সবার সামনে প্রকাশ ঘটায় না। "ভারাক্রান্ত বেদনা" যাহাতে মনটি আমার ভার, হৃদয় আমার চূর্ণ, চক্ষু আমার টলমল করিতেছে বারিতে।

## – আবেগ –

কোনো এক উদ্দীপকের প্রতি সারা দেওয়ার ফলে আমাদের দেহ, মনে, বিশেষ প্রতিক্রিয়া বা আলোড়ন সৃষ্টি হয় তার ফলে কান্না, হাসি, দুঃখ, রাগ, ইত্যাদি নানা ধরনের অভিজ্ঞতার অনুভব করি আর প্রকাশ করি।

একটা " stirred up state of agitation " ল্যাটিন ইমোভার (Emovere) থেকে ইংরেজি শব্দ Emoctional এসেছে যার অর্থ হল প্রক্ষুব্ধ বা উত্তেজিত হওয়া।

আবেগের সঙ্গে দেহ ও মনের সম্পর্ক আছে, এই সম্পর্কের জন্যই অনুভূতি ও আবেগ দুটোই আলাদা। কোন একটি নির্দিষ্ট মানুষের প্রতি আবেগ এবং অনুভূতি আলাদা হতেই পারে এতে অবাক হওয়ার

কিছুই নেই।

আবেগ জাগানোর জন্য উদ্দীপক প্রয়োজন এক্ষেত্রে **উদ্দীপক ও তুমি** আর আবেগের **উৎস্ ও তুমি**। কোন ব্যক্তির অসভন আচরণে আমরা যেমন রেগে যেতে পারি তেমনি কষ্টকর কোন অভিজ্ঞতা, স্মৃতিচারণ করে কাঁদতেও পারি। অর্থাৎ আবেগ জাগ্রতকারী উদ্দীপক বাহিক এবং অভ্যন্তরীণ উভয় প্রকার হতেই পারে, অনেক সময়ই আমরা নিঃসঙ্গ বা বিচ্ছিন্ন হয়ে যাওয়ার ভয়ে এমন পরিস্থিতির মাঝে আটকে থাকি যা পরিণতিতে শুধু মানসিক অবসাদ ডেকে আনে। তাই এমন মানুষকে খুঁজে বের করুন যে বা যারা আপনার জীবনে উদ্যোম ফিরিয়ে আনতে সহায়তা করে নিজেকে সময় দিন, নিজেকে বুঝুন, যে বিষয়গুলো আপনাকে আবেগপ্রবণ করে তুলছে সেগুলো মন থেকে মুছে ফেলতে হবে এবং সেটা করার চেষ্টা করুন। যদি কারো কারণে আপনি আবেগপ্রবণ হয়ে যান তবে তার সাথে সরাসরি কথা বলে সমাধান করুন।

বেশি আবেগপ্রবণ মানুষ আত্মবিশ্বাসী হতে পারেনা তাই আগে নিজের উপর বিশ্বাস করুন আশা করি এই বিষয়গুলো লক্ষ্য রাখলে আবেগকে আপনি নিয়ন্ত্রণ করতে পারবেন।

# 1. সবটা জুড়ে তুমি

মহাকাশী ও নীরবতায় আজ
দুজন দুজনার ব্যবধান নক্ষত্র দূরত্ব।
পরদেশী তুমি কৃষ্ণ - কাহব্বর আমি তার মাঝে
এক অগোছালো উপগ্রহ ।।

তারিখ : ০৬ /১১ /২২

# দাসত্ব

বক্ষে যাহার বাস আমি তারই দাস
দাসত্বে যে নেইকো জ্বালা,
শুধুই কেবল আর কেবল খেলা !
তুমি যেমন খেলাও মোরে,
খেলছি আমি – সদল নিয়ে।

বক্ষে যাহার বাস আমি তারই দাস,
তুমি মোরে মারছ কেন, মারছো কেন আঘাত হেনে?
এ আঘাত শুধুই যে হৃদয় জানে।
হৃদয় আমার স্পষ্ট হাসি তাই হয়তো শুধুই ফাঁসি।

বক্ষে যাহার বাস আমি তারই দাস।।

তারিখ : ০২ /১১ /২২

সময় : ০২ : ০৯ am

উষ্ণ হৃদয়ে বিবর্ণ আজ এই প্রান্তর
তারি মাঝে শুনতে পাওয়া যায়,
সমাপ্ত প্রায় বসন্তের অদ্ভুত এক আবেগে আবারও আসবে তুমি।
তোমার ওই একলা শহর, একলা বিকেলে, একলা নদীর ঢেউ, চাই
বালো কানাময় স্থান।

# বিস্ময় নারী

বড় বিস্ময় নারী তুমি
ওই মুখ ওই হাসি কেন এত ভালোবাসি।
কেনকো নীরবে ভাসি অশ্রুধারে।
কিভাবেই বা এলে তুমি হৃদিমাঝারে।
তুমি যে আমার স্বপ্নচারিনী,
তুমি ই আমার – হৃদয় হরিণী।।
তুমি যে সুর তুমি যে কলি_
তোমার বিরহে সখী,
বাজে না হৃদয়ে বাঁশি।।

তারিখ : ২১ /১২ /২১

# থেতলানো হৃদয়

পরিপালিত অশ্রু বারি
সেও করে পরিধান, তারও আছে তিরোধান।
হাঁটিলে তিরোধান দেখিবে অতুলনীয় তুফান।
তুমুল ঘটিবে তীব্র বেগে।
থেতলানো হৃদয় ঘটাবে অশ্রু বারি,
এয়দশ বছর ধরে থলিয়ে যাওয়া হৃদয়_
জমিয়ে রেখেছে অশ্রুকে।
তবুও এক দুঃশীল কারণে ভেঙে যায় বাঁধ,
ডুবে যায় নাম, ধুয়ে যায় ছোঁয়া।।

তারিখ : ২১ /১০/২২

# নতুনত্ব

কিছু সময় আসে যখন মন মানসিকতায় একত্রিত
হয়ে ধুর ভাল লাগে না কথাটির উদ্ভব ঘটায়।
যদিও তার সাময়িক নির্দিষ্ট কিছু সময়ের অপেক্ষায়।
অথচ তাও প্রচেষ্টা কিছু নতুনত্বের।
নতুন ভাবে দেখা, নতুন ভাবে চেনা, অনুভব করা নতুনভাবে,
এক নতুন রূপে।

# দুঃস্বপ্ন

দুঃস্বপ্ন তব দুয়ার খোলা

দুঃর্দিষ্ঠ হয়ে আছি দুর্বিষহে

দুর্বলতায় দুষ্প্রাপ্য দূরীভূত,

দুঃস্বপ্ন তব দুয়ার খোলা।।

দ্বন্দ্ব ভুলে আপন কর।

আপনি যে হতে পর-

আপন হইতে পরই তবে ভালো।

দুঃস্বপ্ন তব দুয়ার খোলো,

তবপর হতে পারে কষ্ট

কষ্ট জুটিবে হৃদয় টুটিবে,

তোমারই রক্তপাতের মাঝে।

দুঃস্বপ্ন তব দুয়ার খোলো

তুমি না চাইলেও

তোমারই রক্ষক হতে পারে ভক্ষক

রচয়িতা হতে পারি রজনী রনের।।

তারিখ : 06/08 /১৭

# পারমাণবিক প্রেম

আকস্মিক সংঘর্ষ অথবা
তুমি বলতে পারো ঘটনা বলি,
আমরা বারবার দেখা করি।
একটা পারমাণবিক প্রেম বিস্ফোরণ
আমাদের জাদুকরী উদ্যানে যেতে বাধ্য করে।
ঠিক যেমন মাটি এবং ঘাসের মতো,
ঠিক যেন সূর্য-ফুল এবং সূর্য।

তারিখ : ০৩ /০৫ /22

# ইতি

আমার হৃদয় তোমাকে বিবৃত করেছে
বৃষ্টি তার প্রমাণ!
আমার হৃদয় গ্রহণযোগ্যতার শিশিরবিন্দুর মত কেটে গেল সেই
দিন,
"অবশেষে এখানেই সমাপ্ত প্রায় উপন্যাসের প্রথম অংশ"।
পরিশেষে সবটাই আলগা রহস্য মাত্র।

# পরমাণু থিয়েটার

তুমি আমার সর্বস্ব প্রাণ,
পুষ্পাঞ্জলি সহকারে।
আকাশ গোধূলি সুপিরিয়র টাইফুন
আমাদের থিয়েটার ছাড়াও!
মূল প্রশ্নের সংজ্ঞা কি?
একটি সাহিত্যের মূল?
নাকি নিহাত লিখতে হবে তাই?
সুপরিচিত রাস্তায় আমরা
খুঁজে পাই বারংবার একে অপরকে।।

তারিখ : ১৩ /০৬ /২২

# বসন্তের কবিতা

তোমার চোখের মলিনতা,
তোমার মুখের এক টুকরো হাসি
তোমার হৃদয় গোলাপ, তোমার হৃদয়ের সুর,
তোমার শান্ত শীতল ভালবাসি হৃদয়_
তোমার এক টুকরো ভালোবাসা!
হোক ই না আমার ক্ষতি কি বলো?
তোমার ওই বিষাক্ত ঠোঁটের ভালবাসা,

আমার চোখের ভেতর মেঘলা আকাশে
তুমি ব্যাথার কাজল হয়ে থেকো।
একাকী তোমার কপোল একখানি চুম্বন প্রিয়তমা-
লক্ষ্য কোটি বার চাইলেও পাখা মেলে তুমি
আকাশের সাথে বেড়েছ ঘর।।

তারিখ : ২৭ /০৮/২২

# হৃদয় স্পর্শী মানুষ

হৃদয়স্পর্শী মানুষরাই দূরত্ব বজায় রাখে
তারা সাধারণত স্বার্থপর হয়ে থাকে।
হৃদয় স্পর্শী মানুষটিকে বুঝতে দিতে নেই,
তুমি তার প্রতি ঠিক কতটা "দুর্বল"।।
পরিনাম শুধুই অবহেলা মাত্র,
কখনো মেঘ কখনো শান্ত বৃষ্টি

কখনো বা বজ্রবিদুৎ সহ ঝড়-বৃষ্টি।
হ্যাঁ হতেই পারে, এখন পাঠককেই-
বিচার করতে হবে দোষী কে কথক,
লেখক, প্রেমিক, নাকি হৃদয় স্পর্শী মানুষটি ?

তারিখ : ০৩ /০৫ /২২

# শিউলি

শিউলি ফুলের পবিত্রতা যেন পূর্ণতা পায়
তোমার বক্ষে মালা হয়ে!
তুমিই ঢাল, তুমিই কবজ, তুমিই
পূর্ণতা পবিত্রতা একথও উপন্যাসের।
বেমানান কিছু ঝড়ের আবেগে
ক্ষতবিক্ষত আজ পবিত্র সেই হৃদয় খানি।।

# দূরত্ব

চোখের দৃষ্টি দিয়ে দেখতে গেলে তোমার
আমার মধ্যে দূরত্ব মাত্র কিছু সেন্টিমিটার,
তবে বাস্তবতা খুঁটিয়ে দেখতে গেলে জানবে
কিছু সেন্টিমিটার ই তখন লক্ষ্য যোজন
দূরত্বের সমান দূরত্বের পরিণত হয়ে যায়।
খ্যাতলানো হৃদয় পুন: তব শিহরণ জাগায় মনে
মন বলে আমি চাইনা পেতে
"আলংকারিক অ-স্ফটিক টুকরো"
অতীত জেলে কাতর হবে মনে।

তারিখ : ২৮ /১০ /২২

# পরদেশী

কেনই বা, বিস্ময় ভয়ংকরই আঁখি
দৃষ্টি নিক্ষেপ আমি ধ্বংস।
কেনই বা, তোমার হৃদয়ে রাখিতে আমার আনাগোনা
আদেও তুমি জানোই না,
কেনই বা, হে সখি তোমার বিরহে হৃদয়ে বাজে
নাকো বাঁশি।
কেনই বা, হে হৃদয় খানি শুধুই তুমি আর তুমি ময় ?
কেনই বা, পরদেশীর আকর্ষণে দুঃখ কাতরতা ?
কেন মোহময়, কেনই বা এত সহজে হয়,
কেনই বা অসম্ভব সেই আবেশ কাটানো।।

তারিখ : ০৫ /১১ /২২

# হিংস্র যন্ত্রণা

সেই ক্ষনিকে কি যে হল হৃদি মাঝারে,
হয়তো অজান্তেই ভালোবেসে ফেলেছি নিরবে।
নীরবে যে পুষ্পের জন্ম তা হয়তো ফুটবেনা,
আদেও কখনো ও !
সেই ক্ষণিকের নিরবে কথা, নয়ন আঁখিতে দেখা
ভুলাইয়া যায় না কভু।
একটা ক্ষণস্থায়ী অভিনব অনুভূতি তারপর,
চিরস্থায়ী এবং একটি হিংস্র যন্ত্রণা।

# বিলাসিতা

বিলাসিতা তোমায় আমি কেন এত চাই,
প্রয়োজন কেন তুমি আমার হও না!
তুমি আসবে বলে অন্ধ প্রেমিক
আশারত অপেক্ষার ঘোরে।
অমীমাংসিত প্রয়োজন নেই, আর নেই।
বিলাসিতা তোমার বিলাসিতায়
এখনো আমার কলম বিক্রি হয়নি,
হাওয়াই পাওয়া তোমার প্রতিটি ক্ষতবিক্ষত,
দাগ আজ ঝড়ের সাথে উবে গেছে।।

# আবিষ্কার

বিস্ময়ে ভয়ংকরী আবিষ্কার
বিষাক্ত মৃগনাভি তব বিষাদ,
মালিনতা বিস্ময় তোমায়__
অপ্রাকৃতিক ভয়ংকরী বিষাদ
তোমায় অংকন আমার চিত্ত বিকারে,
শব্দ তরঙ্গের তরঙ্গায়িত- মোর ধী।
বিস্ময় ভয়ংকরি বিষাদ, বিষাক্ত
অপ্রাকৃতিক সমাপ্ত চিত্ত বিকার।।

তারিখ : ০৫ /১১ /২২

স্থান : মায়াপুর

# 2. মোহ

আমার জীবন কিরকম একটা নির্জন হয়ে যাচ্ছিল। আমার জীবনের ছিল না কোন হাসি, কান্না, ভ্রমণ, আনন্দ না ছিল ভালোবাসা। আমার পরিবারের সবাই একে একে মারা যায়। তারা সর্বগত হয়। আমি একাই পড়ে থাকি এই নির্ঝুম থা থা করা বাড়িতে, বেশি না আমার বয়স এখন ১১২ বছর।

*"আমি কিছুদিন আগেই মারা গেছি।"*

আমি এই থা থা করা বাড়িতে একাই ঘুরে বেড়াই আমার সঙ্গে থাকার তো কেউ নেই কারণ আমি তো আস্ত একটা ভূত! আর ভূতের সঙ্গে কি কেউ থাকে ? আমাকে তো সবাই ভয় পায়।

যারা এটি পড়বে তারা একটু বিস্ময় হবে যে একটা আস্ত ভূতে তার জীবন এবং মরণের কাহিনী লিখছে! আমার মৃত্যুর পর এই বাড়িটি অনেকে কিনতে এসেছে কিন্তু আমি তাদের কিছুতেই আমার বাড়ির আশেপাশেও আসতে দেই নি। কারণ ওরা যদি বাইরে কিনে নেয় তাহলে আমি কোথায় যাব? অবশ্য, আমি নিতান্ত একটা ভূত তাই আমার কোন বাড়ির প্রয়োজন নেই। তাও এই বাড়িটির সঙ্গে আমার অনেক স্মৃতি জড়িয়ে আছে, আর এই স্মৃতিতেই আমি জর্জরিত হয়ে এখনো আটকে আছি এই বাড়িটাতে। ঠিক এই

কারণেই আমি কিছুতেই এই বাড়িটা হাতছাড়া করতে চাই না। এতদিনে আমি বুঝতে পারলাম আমি কেন মরতো থেকে উদ্ধার পাইনি কেন আমি ভূত হয়ে ঘুরে বেড়াচ্ছি, আমার কিছু পিছুটানের কারণে, আমার এই বাড়ির প্রতি পিছুটান যে আমাকে আটকে রেখেছে আমার আপনজনদের সঙ্গে জড়িয়ে থাকা স্মৃতি।

তাই আমি ঠিক করলাম আমি নিজেই এই বাড়িটি বিক্রি করতে সাহায্য করবো।

ইতিমধ্যে আমার বাড়ির দেখাশুনা করার লোকটি একজন ব্যবসায়ীকে নিয়ে আসলেন আমি তাদের স্বাগতের জন্য আকাশ থেকে কিছু ফুল ছড়িয়ে দিলাম এবং বললাম এই বাড়িটি না কিনলে আমি তোমাদের মেরে ফেলবো। ব্যাস যা ভেবেছিলাম সেটা না হয়ে সবাই ভয় পেয়ে পালিয়ে গেল। এরপর আমি সিদ্ধান্ত নিলাম যে আমি আর এখানে থাকবো না এখান থেকে চলে যাব কিন্তু যাওয়ার আগে আমি একজন লেখকের শরীরের ভিতরে প্রবেশ করে তাকে দিয়ে আমার "জীবন এবং মরণের কাহিনী" একটি বই আকারে ছাপিয়ে দিলাম।

"এখন কিছু গল্প আমরা কাল্পনিক হলেও শুনে যাই পড়ে যাই তবে কেন আমি এই গল্পটা তোমাদের সঙ্গে শেয়ার করলাম, এখন এটা তো তোমাদেরই বুঝতে হবে ঠিক কি কারনে এই ছোট্ট গল্পটা দেওয়া হয়েছে।"

# দুর্বল প্রেমিক

তুমি মধ্যাকর্ষণ শক্তি

আমি শক্তিহীন উল্কাপিণ্ড।

তুমি মোহের বসে আচ্ছন্ন

আমি মাত্রাতিরিক্ত আবেশ।

তুমি দুষ্প্রাপ্য অলংকার

আমি ভগ্নপ্রায় কয়লা খনি।

তুমি ভোরের স্বপ্ন

আমি কুয়াশায় ঘেরা স্মৃতি।

তুমি পর্বত-আরোহী এভারেস্ট জয়ী,

আমি ভয় পাওয়া যতসব ইচ্ছা গুলো।

তারিখ : ১৯ /১১ /২২

# ৩. পরিণয়

আমি প্রণয়ন করি তোমার অভিধা, আর বলি,
আমি তোমার প্রণয়ি
অথচ একটা প্রশ্ন রয়ে যায়
তুমি কি আমার প্রণয়িনী।।
শুধুই কি স্বপ্নলব্ধ যে স্বপনে
নেত্র মিলে তোমার আমার।
জাগিয়া স্বপনের স্মৃতি স্মরণে কেউ রাখো না গো
তুমি ভুলিবে গো যারে চিরতরে ভুল তারে,
দিনে দিনে শুধু উভয়ের পরিণয় ঘটে।।

*"পার্থক্য একটাই, উভয়ের পরিণয়টা ঘটে ভিন্ন মানুষের*
*সঙ্গে।"*

# নীরব

আমি একটা তোমাকে চাই
আমি একটা মানসিক শান্তি চাই
হ্যা, এমন একটা তোমাকে চাই যে কিনা,
ছোট্ট ছোট্ট আনন্দ দুঃখ ভাগ করে নেবে।
যে কিনা মানসিক ক্ষতিগ্রস্ত হৃদয়কে
সান্ত্বনা দেবে প্রতিটি গ্লানি থেকে।
বাস্তবতায় তুমি আজ বহুদূরে
আমিঃ নীরব কথক, দর্শক, প্রেমিক,–

প্রতিবাদী হ্যা, এটাই বাস্তব
আরে হ্যাঁ এটাই আমি তোমা ছাড়া।।

বুকে রেখে বুঝেছি
যেন উল্কাপিও পরশ,
যে পরশে জ্বলে গেছে বুক !
অন্তহীন এই আকাশে ছিন্ন হয়েছে কাটা-তার,
মহাকাশ ছুঁয়ে পৃথিবীতে ফিরে ঘর বেঁধেছে পুরনো সেই সভ্যতার
নগরীতে।

# সেই সকাল

আমি হয়তো তোমার জীবনে সেই দিন
সেই ভোর সকালের কুয়াশা স্বর্ণ স্টেশন,
এক কাপ চা আর ঝিকঝিক করতে আসার ট্রেন...
ইচ্ছা থাকলেও বড্ড ব্যস্ততার মাঝে
চুমুক টা আর দেওয়া হয়নি।
ফেলে আসা চায়ের কাপ ডাস্টবিনে
উপায় তো ছিল, আরো একটি বার, আরও একটি দোকান ইচ্ছা
পূরণ।
হ্যাঁ, উপায় তো ছিল।
তবে প্রচেষ্টা আর করা হয়নি, সময় ফুরিয়ে গেছে
আমি হয়তো সেই কুয়াশাচ্ছন্ন স্টেশনটা,
আমি হয়তো তোমার জীবনের সেই দিন, আর ঝিকঝিক করতে
আসা ট্রেন।

তারিখ : ০৬ /১১ /২২

# বিভীষিকা

তুমি মোর সঞ্চিত হৃদয় কুঞ্জে এক বিন্দু অমৃত
তাই হয়তো আজও আষ্টেপৃষ্ঠে জড়িয়ে আছি এই ভগ্নহৃদয় বক্ষে।
এমনটা নয় যে বার্তালাব বন্ধ তাই এ হৃদয় মনে স্মৃতির পাতা
উল্টে দেখেনা,
সময় অসময়ে তোমাকেই অনুকরণ করে ফেলে মধ্যযুগীয় চন্দ্রে
বিভীষিকা কালো দাগ গুলির মধ্যে।
শহর থেকে শহরতলী, গ্রাম থেকে প্রান্তর, মরু থেকে উদ্যান জল
থেকে জলাশয়, মস্তিষ্ক থেকে হৃদয় আজ সর্বত্র যেন শুধু তুমি আর
তুমি ময়।

# 4. ভালোবাসা আর মোহ- এর মধ্যে পার্থক্য কী?

মোহ আকাশের বুকে ঝলকে ওঠা বিদ্যুতের মত ক্ষণস্থায়ী, ভালোবাসা এক পশলা বৃষ্টির মত মধুর। মোহের সমাপ্তি ভোগে, ভালোবাসার পূর্ণতা ত্যাগে।

"ভগবান শ্রীকৃষ্ণ বলেছেন, ভালোবাসার মূল মন্ত্রই হলো নিঃস্বার্থ ভাবে ভালোবেসে যাওয়া সে পরিস্থিতি যেমনই হোক না কেন।"

যদি তুমি কাউকে সত্যিই ভালোবেসে থাকো কিন্তু অপর ব্যক্তির বা মানুষটির হৃদয় ও যদি তোমার জন্য একই অনুভব না করে, তোমাকে যদি সে আপন না করে নিতে পারে তার সাথে না থেকেও তার জন্য যদি তোমার ফিলিংস একি থাকে তবে এটাই ভালোবাসা। অপরদিকে তুমি যাকে ভালোবাসো সে তোমার কাছে না থেকে যদি অন্য কারো কাছে থাকতে চায়, অন্য কাউকে আপন করে খুশি থাকে, ভালো থাকে তার পরেও যদি তোমার তার জন্য একই ফিলিংস কাজ করে, তুমি জাস্ট তাকে খুশি দেখতে চাও তবে বুঝে নিও এটাই নিঃস্বার্থ ভালোবাসা। মোহ হলো একপ্রকার এর আকর্ষন,

- তুমি যখন তাকে সমস্ত দিক থেকে নিখুঁত চাও কিন্তু ভালোবাসা হলো তুমি তার খুঁত গুলোকেও হাসি মুখে মেনে নিতে চাও ।

- আকর্ষন অর্থে সে দুঃখ পেলে আপনার হৃদয় কেঁদে উঠে না কিন্তু ভালোবাসা হলো সে আঘাত পেলে তার আগে আপনার হৃদয় কেঁদে উঠে।

- মোহ হাজারো শর্তে ভরা কিন্তু ভালোবাসা সম্পূর্ণ শর্তহীন।

- আকর্ষণ হলো আপনি কখনোই তার মুখ থেকে "না "শব্দটা মেনে নিতে রাজি না কিন্তু ভালোবাসা হলো আপনি তার মুখ থেকে "না"শব্দটাও হাসি মুখে মেনে নিতে রাজি।


ভালোবাসার প্রক্রিয়াগুলোকে নারী ও পুরুষের ভালোবাসার সাড়া প্রদানের উপর ভিত্তি করে আলাদা বললেও তাদের মধ্যে পার্থক্য কিন্তু খুবই সামান্য। ভালোবাসা ও মোহ নিয়ে এক সমীক্ষা পরিচালনা করেন মনোবিজ্ঞানী রবিন (১৯৭৩)। তিনি দেখান যে ছেলেরা মেয়েদের আগে প্রেমে পড়ে আর মেয়েরা প্রেমে পড়লেও প্রেম থেকে আগে বের হতে পারে। অর্থাৎ মেয়েরা প্রেমে দেরিতে পড়লেও আগে বের হয়ে আসতে পারে কিন্তু কৌলবশত ছেলেরা প্রেমে তাড়াতাড়ি পড়লেও বের হতে সময় লাগে। তবে মেয়েরা প্রেমের মোহে বেশি পরে।

# প্যারাসিটামল

প্যারাসিটামলে যদি সারতো এই মনের ব্যথা, তবে
একাকিত্বের মন ভরিয়ে, হাসি ফোটাতাম নতুন জীবন ভুলিয়ে দিয়ে
ব্যথা।
সেই ছোটবেলা হাফপ্যান্ট আর এক টাকার লজেস,
ব্যাগ বুঝাই বই সত্যি ছিল সাজা,
এখন বুঝতে পারোতো সেসব ছিল অনেক বড় মজা।
শেষ বসন্ত, শ্রাবণ গগনে অবলুপ্ত সেই প্রেম অভিসার।
প্যারাসিটামলে যদি সারতো এই মনের ব্যথা
তবে পুরোনো পৃথিবীর পথের রেখা হয়ে যেত ক্ষয় ,

নক্ষত্ররাও একদিন যেত মারা।

# বিষন্নতা

তুমি কি সত্যি দেখতে পাও না আমার চোখে তোমার বিষন্নতা,

হ্যা, সত্যি তো এখন আমরা শুধুই এক শান্ত প্রহর।

বিষন্নতা বিষন্নতা কোথায় তুমি কেন তারে দেখা দাও না ?

শান্ত প্রহর দাবনাল ঘটাবে মস্ত বড় ঝড়ের, সামলে আছি সামলে

থেকো এই মিনতি শুধু তোমায়, আমার তরে।

তুমি আমায় নাইবা বাসো ভালো,

আমি শুধুই আগলে আছি, রইব চিরকাল।

হৃদয় আমার মস্ত বড় এক গ্রন্থ তাহার মাঝে "রক্ত কলম" শুধুই

নামটি তোমার লিপিবদ্ধ ।

বিষন্নতার বিষন্নতা কোথায় তুমি কেন তারে দেখা দেও না ?

তারিখ : ০১ /১২ /২২

# পরাধীনতায় বশীভূত

হঠাৎ করে একদিন বিচ্ছেদ,
হঠাৎ করে একদিন আমার ভিতর চুপ করে বসে থাকা
ঘুণপোকাটি চিৎকার শুরু করে।
দাম না জেনেই ঋণ
পবিত্র প্রেম বিনিময়ের।
পরিশেষে তুমি শুধুই পবিত্র আঘাত দিলে।

বর্তমান পরিস্থিতি শুধুই স্পষ্ট,

অপেক্ষারত অঙ্গিকারের কন্ঠে আর ডাকা হয়ে ওঠে না।

অঙ্গীকার কণ্ঠস্বরে প্রহর কাটে,
বিষাদ বাহিন মলিনতা বিস্তার।
হেমন্তর প্রভাতে শিহরণ জাগে,
পরাধীনতায় বশীভূত এই হৃদয় খানিতে।
যে বটগাছটা বজ্রপাতে আজ মৃত্যু সরব,
বাকি পৃথিবীর কোন হেলদোলই নেই তা নিয়ে।
তোমাকে ভালোবেসে আজকের প্রেমিক-প্রেমিকা শতাব্দীর প্রাচীন
মধ্যযুগীয় অন্ধকার মাত্র।

# চেনা

মন–মস্তিষ্ক–শরীর

ভাঙ্গা বলভ আর ফিলামেন্ট
কাছাকাছি ব্যবধান,
ডিসেম্বর–জানুয়ারি থেকে যায় অপেক্ষায় চেনা নিকোটিনে।

# 5. অজানা লেখক

মনের অভ্যন্তরে ক্ষুদ্রতর একখণ্ড ভাঙ্গন
অশ্রু বন্যা বইয়ে দেয়।
সে অশ্রু বন্যা উপমিত করে অফ প্রাকৃতিক এক বিন্দু
অমৃতকে।
অসমাপ্ত অশ্রুবর্ণাকে অভূত এক বাদ দিয়ে বেঁধে রাখে,
মনেই সেই অভ্যন্তরে ক্ষুদ্রতর একখণ্ড ভাঙ্গনকে আবার জুড়ে
দেয়।
মন জানতে চাই কেন এই অরাজকতা!
কেনই বা একখণ্ড ভাঙ্গন বর্ণা বইয়ের দেয় ?
কেনই বা অভূত একবার আবার আটকে দেয় অশ্রুকে ?
অসম্মানিত মন সম্মান ফিরে পেয়ে আবার সে বলে, কেনই
বা অর্পণীয় চোখের অশ্রু আর জড়িত রক্ত যায় না ফিরে
নিজের স্থানে ?
নেশা করে বলে তোমার কেনই বা এত প্রশ্ন "আমার মধ্যেও
দাগ আছে" যা গভীর কালো।
নেত্র বলে "আমার উপর বিশ্বাস না রেখে" নিজের মনকে
বিশ্বাস করো।
এ দুনিয়ায় কিছুই ন্যয়নিষ্ঠ নয়, তবে কেনই বা
ন্যায়পরায়ণভাবে বেঁচে থাকা।
পতিত প্রত্যাঘাতেই ভাঙ্গন ধরে মনে,
পরদেশীর আকর্ষণে কেনই বা দুঃখ কাতরতা।
প্রচলিত দ্বীপ ধীরে ধীরে অগ্রসেন হয় প্রথম প্রত্যাঘাতের

দিকে।

দ্বিতীয় প্রশ্বাসের প্রশান্ত হাওয়ায় নিভে গেল "প্রাণ" বুজে গেল নেত্র।

– অজানা লেখক

# শূন্য

পৃথিবী আমায় ছেড়ে চলে গেছে
তাকে চিনিবার কত চোখ,
তাকে বলিবার কত ভাষা
আদেও কি শুনতে পারে সে বোঝে কি আমারও ভাষা।
পৃথিবী আমায় ছেড়ে চলে গেছে,
তোমার আকাশে শূন্য একি মেঘ
যেন আমার হাতের মুঠ।

সংযোগ বিচ্ছেদ হল এক একটি পর্যায় যার মাধ্যমে আমরা শুধুমাত্র উপলব্ধি করতে পারি তার সমান ও বিপরীতমুখী প্রতিক্রিয়া মাত্র।

Love happens unexpectedly. It happened to you too but unfortunately, it didn't happen to her. Hoping to get over her soon but it hurts a lot. Still, I believe that you cannot force it so leave them happy in there life.